AF460674

Ln27
31115

PANÉGYRIQUE

DU

B. PIERRE FOURIER

PRONONCÉ

Dans l'église paroissiale de Mattaincourt

PAR

LE R. P. D. PIE Me MORTARA

Chanoine Régulier de Latran

LE 7 JUILLET 1878

PRIX : **50** CENTIMES

MIRECOURT

TYPOGRAPHIE ET LITHOGRAPHIE CHASSEL

1878

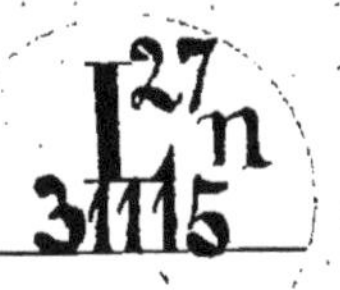

L.A. BOILEAU, INVT
MIDDERICH

PANÉGYRIQUE

DU

B. PIERRE FOURIER

PRONONCÉ

Dans l'église paroissiale de Mattaincourt

PAR

LE R. P. D. PIE M^E MORTARA

Chanoine Régulier de Latran

LE 7 JUILLET 1878

PRIX : **50** CENTIMES

MIRECOURT

TYPOGRAPHIE ET LITHOGRAPHIE CHASSEL

—

1878

A SA GRANDEUR

MONSEIGNEUR DE BRIEY

Évêque de Saint-Dié

ILLUSTRE PROTECTEUR

De l'Ordre Apostolique des Chanoines Réguliers de Latran
dans la Lorraine

—

HOMMAGE

DE RESPECT ET DE GRATITUDE

PANÉGYRIQUE

DU

B. PIERRE FOURIER

Ego veni ut vitam habeant, et abundantius habeant.

Je suis venu afin qu'ils aient la vie, et la vie avec plus d'abondance.

(S. JEAN, chap. X, v. 10).

MONSEIGNEUR, (*)

Dieu est le principe immuable et la source féconde de la vie. « Je suis Celui qui vit. » C'est ainsi qu'il s'est nommé lui-même, et seul il pouvait le faire. Il est le Dieu de la vie dans l'ordre de la nature, mais il l'est bien davantage dans celui de la grâce. Oh ! là, dans ces régions lumineuses, le Dieu de la vie éclate dans toute sa beauté, développe son ineffable énergie, et conduit l'humanité régénérée à l'apogée de la grandeur et de la gloire immortelles. C'est là, au sein de l'Eglise catholique, que cette vie surnaturelle et divine coule avec la force et la suavité dignes d'un Dieu. C'est cette vie de la

(*) Monseigneur DE BRIEY, évêque de Saint-Dié.

grâce qu'on devrait surtout étudier dans l'histoire des actions admirables et des vertus héroïques des saints. Ces grands héros du Christianisme ne méritent nos hommages, que parce qu'ils ont toujours suivi les puissants attraits de la grâce. Ce sont les prodiges de cette grâce que nous allons admirer dans la vie à jamais illustre et glorieuse du B. Pierre Fourier, Curé de Mattaincourt, Général des Chanoines Réguliers de Notre-Sauveur, Fondateur de l'Ordre des Filles de Notre-Dame, Apôtre et Protecteur de la Lorraine. Nous verrons qu'il fut du nombre fortuné des élus, à qui Jésus est venu apporter la surabondance de la grâce, afin qu'à leur tour ils la communiquent aux pauvres et aux indigents. *Ego veni ut vitam habeant et abundantius habeant.* Nous verrons le germe de cette grâce, déposé dans sa grande âme par la main toute puissante de Dieu, s'épanouir en fleurs et en fruits de sainteté, et répandre ses parfums sur l'humanité tout entière.

Monseigneur,

Votre présence au milieu de nous est le couronnement des belles fêtes auxquelles nous allons assister, et elle met le comble à des joies si saintes et si universelles. En Vous voyant, ces cendres bénies tressaillent d'allégresse, car par votre zèle apostolique Vous leur préparez un avenir toujours plus glorieux (1).

Fort de l'assistance de Dieu, et m'appuyant aussi de votre autorité, j'ose faire entendre une parole bien faible et bien jeune encore du haut de cette chaire, illustrée déjà par les éclats d'une éloquence catholique et française, de cette chaire dans laquelle retentira de nouveau une voix bien plus sympathique et plus autorisée que la mienne (2) ; cependant j'ai la confiance que cette parole, si faible soit-elle, sera favorablement accueillie par un auditoire si pieux et si bienveillant.

I.

La grâce est la plus féconde de toutes les vies, car elle est le gage et l'heureux début d'une vie sans bornes et sans fin. *Gratia Dei vita æterna* (3). Elle est le principe de ces actes

(1) Monseigneur l'Evêque de Saint-Dié vient d'établir à Mattaincourt une communauté de Chanoines Réguliers de Latran.

(2) Le R. P. Moïse, de l'Ordre des Capucins, déjà bien connu à Mattaincourt, apportait cette année, pour la seconde fois, le charme d'une parole qui ne s'est jamais trouvée en défaut.

(3) Rom., 6, 23.

méritoires, qui ne sont notre œuvre que parce qu'ils sont l'œuvre de Dieu. *Omnia opera nostra operatus est nobis* (1). Cette grâce n'est point due à la nature ; elle dépasse tous ses droits et toutes ses exigences, autrement, dit l'Apôtre, la grâce ne serait plus une grâce. *Alioquin gratia jam non est gratia* (2). Le germe de cette grâce est déposé dans les cœurs de tous les hommes par l'Esprit-Saint qui nous a été donné avec surabondance (3). Si cela n'était, comment pourrait-on dire que Dieu veut d'une volonté réelle que nous soyons tous des saints. *Hœc est voluntas Dei sanctificatio vestra* (4) ? La sainteté, c'est saint Jean-Chrysostôme qui parle, n'est que l'énergie de la foi jointe à une vie irréprochable. *Sanctus est qui fidei consors est, et vitam habet irreprehensibilem* (5). Oui, la sainteté, au sens le plus vaste et le plus achevé, est le but de la carrière de tout homme venant dans ce monde, et tous nous pouvons, à l'aide de la grâce, atteindre les sommets les plus élevés de l'héroïsme chrétien. Aux vains

(1) Isaie, 26, 12.

(2) Rom., 11, 6.

(3) II, Tim. 1, 14. — Actos, 10, 14.

(4) I Thess. 4, 3.

(5) Ser. 1. sup. Ep. ad Ephes.

murmures et aux récriminations injustes de quelques-uns, je me contenterai de répondre avec le grand Apôtre : *O homo tu quis es qui respondeas Deo.* Qui êtes-vous, pour demander à Dieu le pourquoi (1) ? Sachez d'ailleurs que celui qui se voit encore debout, doit prendre garde de ne pas tomber (2), et que le saint d'aujourd'hui peut devenir le réprouvé du lendemain. Après cette rapide excursion dans le domaine si riche de la sainte théologie, voyons dans la vie du B. Fourier l'application de ces grands axiômes révélés et les expansions admirables de cette force surnaturelle.

Je n'essaierai pas de vous dérouler le tableau magnifique de cette vie si féconde en grands actes et en vertus héroïques. Le Bon Père de Mattaincourt est une figure bien connue et bien déterminée dans ses moindres détails. Comment d'ailleurs oserais-je mêler mes pauvres accents à la voix si chaleureuse et si savante de tant d'illustres panégyristes ? En faire l'essai, ce serait de la témérité. J'emprunterai donc à cette mer de splendeurs quelques traits seulement pour orner le fond de ce discours, et jeter de la lumière à travers les grandes réalités de la Foi révélée.

(1) Rom., 9, 20.
(2) I Cor. 10, 12.

L'homme est par sa nature un être fait pour vivre en société. La nature humaine, dit le grand Evêque d'Hippone, est quelque chose d'éminemment social. *Sociale quoddam est humana natura* (1). Le milieu dans lequel l'homme naît et grandit, exerce sur lui une influence inévitable. Le siècle qui vit Fourier, était un siècle d'immoralité. Le silence et la solitude d'un désert, les ombres tutélaires d'une grotte, ou d'une tombe, auraient été à peine une garantie contre le flot envahisseur du vice et de l'impiété. Il est vrai, Dieu avait prédestiné l'âme de Fourier, il l'avait comblée des faveurs les plus signalées : mais après tout notre B. n'était pas confirmé en grâce. La lutte, Mes Frères, est le prix auquel doit s'acheter toute victoire ici-bas, et la couronne ne se donne qu'après le combat. *Non coronabitur nisi qui legitime certaverit* (2). L'heure de la lutte devait sonner pour le jeune Fourier, lorsque par ordre de ses parents il fréquentait l'Université de Pont-à-Mousson. Que veux-tu, misérable suppôt de Satan ? que cherches-tu ? que prétends-tu ? séduire cette âme innocente, la corrompre, la perdre ?... Arrête, car la poitrine de ce jeune et vaillant athlète

(1) De Bon. conjug. t. I, f. 6.

(2) II. Tim., 2, 5.

est couverte d'une cuirasse, contre laquelle viendront se briser tes flèches empoisonnées. Fourier lutte, combat, triomphe et orne bientôt son front d'une couronne, dont l'éclat ne se ternira jamais. En étudiant la vie des saints, on voit bien clairement que la chaîne magnifique de leurs actions illustres se rattache, pour ainsi dire, comme à un premier combat, et à une première victoire. La concupiscence est la source infecte de tous les vices ; il y a dix-neuf siècles que saint Paul l'a dit : *Radix omnium malorum cupiditas* (1) ; une fois ce monstre terrassé, le chemin de la vertu et de l'immortalité est ouvert devant nos pas ; nous n'avons qu'à nous y jeter, et l'avenir est à nous.

Vainqueur et triomphant, Fourier grandira, semblable à ces chênes séculaires rois des forêts qui, au milieu de la rage déchaînée des vents et des tempêtes poussent des racines toujours plus profondes, et lèvent jusqu'aux nues leur front majestueux. Fourier ne marche pas, il vole dans le chemin étroit de la perfection. Poursuivant sans cesse la carrière ascendante de la vertu, il s'approche toujours davantage de la source intarissable du bien, et Dieu, qui est la vérité et la beauté par essence, l'appelle à

(1) 1. Tim., 6, 10.

s'asseoir dans l'enceinte de ce jardin mystique, où le divin Epoux des âmes, aime à se reposer sur les gazons fleuris que les roses et les lis de la pureté et de l'amour couronnent d'un printemps éternel. Fourier méprise le monde, et choisit pour son partage l'opprobre de la pauvreté, et l'ignominie de la croix. On voudrait jeter le blâme sur le choix qu'il fit. Pourquoi donc, dit-on, dans une sorte d'étonnement, pourquoi, cette sainte âme tout éprise de l'infinie beauté de Dieu, cherche-t-elle un refuge dans un monastère qui ne conserve que des rayons affaiblis de la foi et de la vertu des anciens temps ? Je répondrai que la grâce, comme toute autre vie, a des élans et des instincts qu'on chercherait en vain à sonder. N'oublions pas d'ailleurs que Fourier était humble, et humble avant tout ; parmi tant d'ordres riches et opulents, il choisissait le plus pauvre et le plus inconnu.

Je ne le suivrai pas à travers tous les degrés de cette échelle mystérieuse qu'il gravit à pas de géant. Malgré les entraînements qui s'offraient de toutes parts, le fervent novice, le profès très-jaloux de la règle, le prêtre zélé et infatigable, préparait à la longue et de loin, cette sublime réaction, qui devait être plus tard, l'une de ses plus belles conquêtes. La vitalité de la grâce avait atteint dans son cœur le comble de la force. Il était temps désormais d'en répandre le trop plein dans ces pauvres âmes, assises au sein des ténèbres du péché et des ombres de la mort (1). Cette flamme divine devait tout envahir, ce fleuve demandait à sortir et à inonder l'univers. C'est à cette fin que le divin Maître avait rempli Fourier de sa grâce, et c'est là, la seconde phase de sa vie.

II

Un des plus grands crimes de nos modernes sociétés, c'est l'oubli des saints. A part un nombre relativement minime de fervents chrétiens et de catholiques sincères, les Saints trouvent de nos jours peu d'admirateurs, et bien moins encore d'imitateurs. Gloire à toi, vaillante et catholique Lorraine! ton amour pour ton saint Patron, le culte séculaire dont tu honores ses vertus et ses précieuses reliques feront à jamais une de tes plus belles gloires, et te rendront digne d'une couronne immortelle. Prends courage, relève ton front abattu, car ton illustre protecteur ne t'a pas oubliée. Bien-

(1) Cantic. Zachariæ.

tôt, demain peut-être, recueillant tes restes épars, il fera luire sur toi des jours meilleurs, et tu pourras alors te réjouir d'une paix et d'une tranquillité imperturbables.

L'indifférence, que je dénonce ici, est d'ailleurs une lésion flagrante d'un droit des plus sacrés. Les saints ne sont pas des individualités isolées : ils sont les princes augustes de ce royaume à la fois visible et invisible que le Verbe de Dieu a établi sur la terre, et dont il est le roi et le chef immortel ; ils sont les brillantes étoiles de ce firmament mystique que le soleil de l'éternelle justice inonde de ses divines clartés, ils sont enfin les maîtres et les arbitres de l'humanité. Associés avec Jésus-Christ à l'empire du monde et à la royauté des siècles, ils sont au centre et au cœur de toute société. Les Saints, pour me servir de l'expression si énergique du grand évêque de Constantinople, les Saints sont la partie la plus intime et comme les fibres de l'humanité, ils sont la source de sa force et de sa vie : *Medulla hujus mundi sunt homines sancti ; quamdiu sunt sancti stat iste mundus* (1). Les saints sont des personnages publics parce qu'ils sont les génies de la

(1) Hom. 1. Sup. Matth. op. imp. col. r. 12. D, t. 2.

vertu et de l'héroïsme. Le génie ne s'appartient pas, car le génie est l'idéal, et l'idéal est à tous. Génies de la sainteté, ils empruntent au principe immuable de la vérité et de la beauté le cachet d'une universalité qui embrasse le temps et l'espace, le passé et l'avenir, tous les âges et les siècles les plus reculés. Le génie tend sans cesse à se donner, parce qu'il est une étincelle tombée du foyer de l'éternelle Charité. Sublime comme l'aigle, il plane au-dessus de tout ce qui l'entoure, et plonge dans des obscurités sacrées des regards à qui rien ne résiste. Fourier fut l'un de ces génies. Génie de la vertu la plus élevée, il brille du vif éclat d'une vérité sans nulle ombre, d'une bonté sans faiblesse, d'une beauté surhumaine. Génie de la sainteté, Fourier avait droit à une postérité pénétrée de ces splendeurs surnaturelles dont il possédait les trésors. Foulant d'un pied généreux tout ce qui tient à la chair et au sang, il avait renoncé à une paternité qui s'éteint, et à des enfants destinés à vieillir ; mais Dieu lui réservait dans le plan admirable de sa miséricorde infinie, une paternité incorruptible, et d'innombrables générations.

Et d'abord il nous faut admirer les prodiges d'une humilité sans égale. Fourier vient de parcourir une carrière illustre. Les places les plus élevées, les charges les plus honorables auraient toujours été au-dessous de ses vertus et de ses mérites. Une paroisse des plus importantes d'une part, et de l'autre, Mattaincourt, paroisse pauvre et délaissée, s'offrent à son choix. Notre Saint n'hésite pas, et il opte pour Mattaincourt. Ce sont là aux yeux du monde des folies : soit ; nous les appellerons, nous, dans la langue chrétienne, les folies de l'humilité, je me trompe, je devais dire les miracles de la charité et de l'abnégation. Mattaincourt est pauvre, hélas ! pauvre surtout et dénué de religion, de vertu et de piété : voilà ce qui, dans le cœur d'un saint, prime tout le reste. Eh bien ! Mes Frères, nulle part plus qu'à Mattaincourt, le monde aurait pu admirer la puissance de la grâce cachée dans l'âme de Fourier. En peu de jours, cet homme en apparence si faible, cet homme privé de toute ressource humaine, en peu de jours, cet homme change et transforme une population tout entière. La Foi, cette reine du monde, vient dissiper les ombres funestes de l'erreur, l'espérance relève les courages abattus, et la sainte charité répand partout ses chastes ardeurs et ses flammes immaculées. Depuis que Fourier est à Mattaincourt, la terre se renouvelle, les montagnes de l'orgueil sont abaissées, les vallées de la dépravation humaine sont comblées, les chemins tortueux se redressent, et les ronces et les épines font place aux plus belles fleurs et aux fruits les plus doux. Le temple de Dieu est toujours rempli de pieux adorateurs, les cérémonies augustes du culte divin s'accomplissent avec le plus grand éclat, les saints tribunaux de la miséricorde sont toujours assiégés par la foule des pécheurs repentants, et les âmes altérées s'approchent par milliers des fontaines bénies de la sainte humanité de Jésus. Que de discordes apaisées, que de cœurs dévorés par une haine secrète réconciliés ensemble ! au sein des familles la paix et l'harmonie, partout la piété, la religion et la vertu ! Non, nulle part plus qu'à Mattaincourt nous aurions eu à contempler les spectacles ravissants de l'admirable puissance de la grâce.

Pourquoi n'admirerions-nous pas les mérites du prêtre accompli, associés aux vertus de l'homme du cloître ? Oh ! disons-le bien haut : si Jésus-Christ est le prince des prêtres, il est surtout le roi immortel des âmes religieuses et totalement séparées du monde. Le monde, le Fils de Dieu ne l'a connu que pour le fouler aux pieds avec ses richesses et ses vains plaisirs ; et le Chanoine Régulier qui marche sur les traces ensanglantées du Verbe fait chair, est et demeure à jamais le plus beau reflet, l'image rayonnante du Divin Maître, le type et l'idéal achevé du Prêtre.

Après avoir sanctifié le troupeau confié à ses soins, notre cher Fourier ne pouvait pas oublier l'Ordre dont il était l'une des plus belles gloires. La congrégation à laquelle il appartenait, ressemblait à un de ces vieux édifices offrant sur leur front tout rayonnant encore de grandeur et de majesté, les traces qu'y ont laissées l'injure du temps et la violence des tempêtes. A côté des gloires illustres du présent et des souvenirs grandioses du passé, on aperçoit les affaissements de la discipline, et les envahissements d'un luxe profane, indices bien clairs d'une force qui tombe, et d'une ardeur qui s'éteint. Où est la main robuste qui soutiendra l'édifice en ruines ? où est l'architecte inspiré qui rétablira avec la solidité de l'ensemble, la beauté et l'harmonie des parties ? Fourier est appelé à cette grande mission. Au fond de son cœur il avait entendu, comme jadis le prophète, la voix du Seigneur. Qui enverrai-je, et qui est celui qui ira de notre part ? *Quem mittam et quis ibit nobis* — et sans hésiter il répondait : *Ecce ego, mitte me* — me voici, envoyez-moi. — Et il allait, ne craignant rien, bravant les tempêtes, conjurant les orages, renversant d'un seul coup les obstacles, les barrières et les digues qui se levaient de toutes parts ; il allait, et bientôt montant sur la brèche, il gravait en traits de feu dans des pages éternelles les lois et les conseils qui donnent la force à ce qui chancelle, et la vie à ce qui meurt. Salutaire et sublime réforme dont les effets bienfaisants devaient se faire sentir deux siècles plus tard, lorsque, suivant l'appel de l'Ange de ce Diocèse, les Chanoines Réguliers de Latran, Enfants uniques de Fourier, venaient se ranger autour de sa tombe à jamais bénie pour y chanter avec les chœurs du Paradis les louanges de Dieu, continuer l'œuvre de leur saint devancier, et augmenter l'éclat de la maison du Seigneur. (1)

Mais Pierre Fourier avait droit à une postérité, et pour l'avoir il lui fallait préparer au Seigneur une jeunesse d'élite : *Parare Domino plebem perfectam* (2). Préludant à des institutions qui devaient s'épanouir plus tard sous la douce influence des Vincent de Paul et des Joseph Calasance, notre Bienheureux avait recruté une armée de jeunes gens, qu'il accoutu-

(1) Le zèle et la noble générosité de l'illustre évêque de Saint-Dié auront une page glorieuse dans les annales de l'Ordre apostolique des Chanoines Réguliers.

(2) Lucæ, I, 17.

mait de bonne heure aux nobles élans de la vertu et de la piété. Mais la marche des événements, la force des choses, je dirai mieux, les décrets insondables de la divine sagesse firent diversion, et Fourier songeait déjà à une autre œuvre qui devait offrir une plus large sphère à son zèle infatigable, et être plus tard le couronnement de toutes ses œuvres, et de tous ses trophées, c'est la Congrégation des Filles de Notre-Dame, cette phalange glorieuse de Vierges sages, qui veillent sans cesse et attendent l'avènement de l'Epoux : *Virgo sapiens quam Dominus vigilantem invenit.* Ce sont des âmes d'élites qui après s'être sanctifiées elles-mêmes par l'exercice des plus belles vertus, communiquent aux jeunes existences qui leur sont confiées cette surabondance de la grâce, dont Jésus-Christ a comblé leurs cœurs : *Ego veni ut vitam habeant et abundantius habeant* ; c'est ce que la Fille de Notre-Dame pourra dire avec son saint Fondateur. Il faut des regards éclairés d'une lumière surnaturelle pour comprendre toute la beauté de cette œuvre, et apprécier le bienfait signalé que Pierre Fourier rendait à la société et aux générations les plus tardives. Ah ! sachez-le bien, vous qui vous appelez avec tant d'orgueil les génies du progrès et de la restauration, vous hommes aveugles et conducteurs d'autres aveugles : *Cœci et duces cœcorum* ; vous enfin qui pensez pouvoir améliorer le sort de l'humanité sans invoquer le secours de Jésus-Christ et de son Eglise ; sachez-le bien, c'est le Fils de Dieu, c'est lui seul qui a vraiment réhabilité et émancipé la femme. Chez les peuples payens, et plus ou moins chez les nations incrédules et apostates de nos jours, la femme n'est plus qu'une chose, *res*, une chose dont on use à son gré, et qu'on écrase après l'avoir avilie. Réduite au vil rang d'une esclave elle ne sert plus qu'à assouvir la rage d'ignobles passions, et le délire des instincts les plus vils. Mais grâce aux influences salutaires de l'Eglise catholique, la femme a repris au sein des âges la place d'honneur qui lui revient ; et associée avec l'homme, ce roi de la création, aux grandes et immortelles destinées de la religion et de la patrie, elle est et demeure la reine de l'humanité.

Mais l'éloquence de la réalité et des faits sera bien plus puissante que celle de la parole. Pénétrez, si vous le voulez bien — et vous n'aurez pas à chercher loin d'ici — (1), pénétrez dans une de ces enceintes bénies, où les Filles de Pierre

(1) A quelques pas de l'église de Mattaincourt existe un couvent de la Congrégation de Notre-Dame avec un Pensionnat de jeunes filles.

Fourier travaillent dans le jardin du Seigneur à élever la chaste jeunesse qui leur est confiée; vous verrez sur leur front briller l'éclat le plus vif de la vertu à côté des charmes embaumés de la candeur et de l'innocence ; ce sont les plus belles aspirations du présent et les plus douces espérances de l'avenir. Contemplez les résultats d'une éducation que les modernes savants n'oseraient guère promettre à leurs spéculations humanitaires ; voyez avec quelle adresse ces saintes épouses du Seigneur déposent au fond de ces intelligences et de ces jeunes cœurs avec les lumières de la science, le germe fécond de la connaissance et de l'amour de Dieu ; voyez plus tard cette jeune fille transplantée de ce jardin sacré, grandir comme le cèdre du Liban à la tête d'une famille chérie, ou s'épanouir comme la rose à l'ombre du cloitre et de la solitude, voyez tout cela, et vous saurez rendre à l'auteur immortel de cette œuvre la louange et la gloire qu'il mérite.

Je voudrais arriver à la conclusion, mais j'entends des voix qui m'arrêtent, et accusent un saint de trop de tendresse pour la patrie. A Dieu ne plaise, mes Frères, que je veuille profaner la dignité de cette chaire auguste par les digressions d'un patriotisme déplacé. Je ne loue pas l'homme d'état, je célèbre les gloires d'un saint. Les censeurs indiscrets de l'amour que Pierre Fourier crut devoir à son cher pays, amour qui ne fut pas toujours couronné des meilleurs résultats, ces censeurs devraient rougir de se faire d'autre part les panégyristes par trop platoniques et exaltés du grand ministre (1) qui, pour me servir de l'expression d'un célèbre orateur (2), « eut tous les génies, moins celui du pardon, » de cet homme qui mettait souvent les farouches aspirations de son orgueil au-dessus des droits sacrés de la justice et de la vertu, de cet homme enfin qui comptait pour peu de chose de verser les flots d'un sang innocent, pour arriver à travers des contrées infortunées, couvertes de cadavres, de désastres et de ruines, aux triomphes trop douteux d'une gloire éphémère. — Notre B. Pierre aima sa patrie : est-ce là un crime? Que ceux-là le disent qui n'ont jamais entendu parler des glorieux exploits des Machabées. Saint Augustin m'apprend au contraire que c'est une cruauté et un acte indigne d'un homme de mépriser sa patrie : *Inhumanum est patriam despicere* (3), et que c'est une vertu de vivre et de respirer

(1) Le cardinal de Richelieu.

(2) Le R. P. Lacordaire.

(3) Serm. 44, *ad fratres in eremo*

pour elle : *Pertinet ad virtutis officium vivere patriae et propter patriam* (1). Pierre Fourrier aime sa patrie, il en défend au prix de sa vie l'autonomie et l'indépendance, parce que cette patrie est à ses yeux le rempart assuré, et le foyer chéri des plus saintes traditions nationales.

Voilà ce que fut dans Fourier la vie de la grâce. Lui qui en était si riche ne pouvait-il pas dire désormais avec son divin Maître que Dieu l'avait envoyé pour répandre sur les hommes l'abondance des divines bénédictions, dont la grâce est le gage et la source bénie : *Ego veni ut vitam habeant et abundantius habeant ?* Mais qu'ai-je besoin d'évoquer d'anciens souvenirs ? La voix des gloires actuelles de Pierre n'est-elle pas encore plus puissante que celle de son illustre passé. C'est lui qui pourrait redire à ses enfants cette parole si énergique de l'Apôtre : *Epistola mea vos estis* (2). Vous êtes ma lettre, lettre gravée non sur des tables de pierre ou d'airain, mais dans des cœurs de chair : *Non in tabulis lapideis, sed in tabulis cordis carnalibus.* Votre foi, votre vertu, votre constance témoignent assez de mes labeurs apostoliques. Vous êtes, vous, chers ha-

(1) Lib. 19. *De Civit. Dei.*

(2) II Cor., 3, 2.

bitants de Mattaincourt, toi, pieuse ville de Mirecourt, berceau béni de ton illustre patron, vous enfin peuples de la Lorraine, Chanoines Réguliers de Latran, saintes Filles de Notre-Dame, vous êtes tous la page la plus éloquente de l'histoire de Fourier. Fourier, ce grand prodige de la grâce, Fourier vit en vous, il vit dans cette foi qui vous anime, dans cette piété qui vous entraîne vers lui, dans cette ardeur qui vous transporte. Il vit dans votre amour, dans votre vénération, dans votre culte pour lui. Il vit, oui, et cette voûte élancée, et ces marbres dorés, et ces colonnes, ces vitraux étincelants, ces mille couleurs, ces nuances variées, tout ce superbe monument enfin qui semble porter jusqu'aux nues, avec les gloires de notre saint Héros, le nom et l'énergie de son digne successeur (1) ; tout cela, quand

(1) En entreprenant la construction de la magnifique Eglise de Mattaincourt, M. l'abbé Hadol réalisait une œuvre vraiment colossale, qui demandait son énergie et son dévouement. Ce superbe monument est sans contredit la plus belle perle de cette couronne due à ses cheveux blancs, à ses vertus et à ses rares mérites. La générosité des pieux habitants de Mattaincourt, de Mirecourt, de la Lorraine entière et même des pays étrangers ne pouvait certes manquer à une si belle œuvre, entreprise et achevée avec un zèle digne des plus grands éloges.

même les hommes se tairaient, tout cela parlera : *Si hi tacebunt, lapides isti loquentur*. Tout cela parlera, parlera bien haut et nous fera comprendre mieux que tout le reste la puissance de cette grâce, dont l'âme de Pierre déborde encore au profit des âges les plus reculés : *Ego veni ut vitam habeant et abundantius habeant*.

Cette grâce s'augmentait dans son cœur à mesure qu'elle étendait au loin ses heureuses émanations. Ce ne sont plus les élans, mais les miracles d'une foi et d'une confiance sans bornes, ce sont les ascensions magnanimes d'une espérance que rien n'arrête, ce ne sont pas les ardeurs, mais les vastes embrasements d'une charité qui embrasse tout et s'étend à tout, c'est en un mot le prodige d'une vertu, dont la terre n'est plus digne, et que le ciel lui ravit pour le faire briller comme le soleil au milieu des astres du matin. La parole éternelle est prononcée et la terre en redit joyeuse les échos enchanteurs. L'autorité divinement établie décerne une couronne à l'héroïsme de la sain-

Nous ne pouvions pas nous dispenser de rendre un témoignage public de respect et de reconnaissance à ce vénérable ecclésiastique qui, par son désintéressement et sa générosité, a si bien mérité de la Congrégation des Chanoines Réguliers de Latran,

teté (1). Au sein des âges un saint Prêtre, digne héritier du zèle et des vertus de Fourier, ce prêtre, dont les mérites dépassent tous les éloges, a conçu une grande idée, et ce temple magnifique en est la sublime réalisation. C'est là que Mattaincourt et Mirecourt, la Franche-Comté, la Champagne et la Lorraine entière viennent offrir en foule au saint Patron, au vaillant Apôtre, leurs vœux, leurs larmes et leurs ardents soupirs ; c'est là que le jour où l'auréole de la sainteté sera doublée sur son front (1), au milieu des parfums exquis, des flammes de la joie la plus pure, des tressaillements d'une chaste allégresse, on chantera la gloire du grand Dieu si admirable dans ses Saints, qu'il enrichit de sa grâce, pour qu'à leur tour ils purifient et sanctifient l'humanité, et l'élèvent aux plus hautes régions de la vie et de la gloire éternelles : *Ego veni ut vitam habeant et abundantius habeant*. Ainsi-soit-il.

(1) Le décret de béatification du B. P. Fourier fut solennellement promulgué le 10 janvier 1730.

(1) A la gloire extérieure de notre Bon Père il ne manque qu'un rayon, c'est sa canonisation. Tous les cœurs la désirent, et ils ne seront satisfaits que le jour où l'on pourra bénir et adorer Dieu dans S. Pierre Fourier.

Vu et permis d'imprimer :

Saint-Dié, le 11 Août 1878.

Pour Monseigneur l'Evêque.

J. CHAPELIER,

Vicaire général.

www.ingramcontent.com/pod-product-compliance
Ingram Content Group UK Ltd.
Pitfield, Milton Keynes, MK11 3LW, UK
UKHW021043180726
13838UKWH00004B/1986

9 782019 929282